ANNUAIRE DES INVENTEURS

RÉSUMÉ
des Législations Française et Étrangères
SUR LES
BREVETS D'INVENTION

PUBLIÉ PAR
L'Office Ch. DESNOS
11, Boulevard Magenta, 11
PARIS

IMPRIMERIE TYPOGRAPHIQUE & LITHOGRAPHIQUE
CH. DESNOS 11. Boulevard Magenta PARIS.

AVIS

Une édition spéciale de l'ANNUAIRE DES INVENTEURS, contenant une analyse des législations et règlements relatifs aux *Marques de Fabrique et de Commerce ainsi qu'aux dépôts de modèles et dessins industriels*, sera envoyée gratuitement à toute personne qui en fera la demande.

ANNUAIRE DES INVENTEURS

RÉSUMÉ

des Législations Française et Étrangères

SUR LES

BREVETS D'INVENTION

PAR

Charles DESNOS,

Ingénieur, ancien Elève de l'Ecole Centrale

Conseil en matière de Brevets d'Invention

PUBLICATION

de l'Office des Brevets d'Invention et des Marques de fabrique

EN FRANCE ET A L'ÉTRANGER

11, Boulevard Magenta,

PARIS.

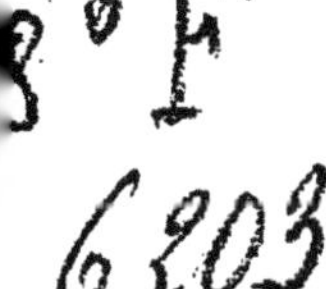

RÉSUMÉ DES LÉGISLATIONS

française et étrangères

SUR

LES BREVETS D'INVENTION

Nous donnons ci-après une analyse des diverses législations sur les Brevets d'Invention dans tous les états où la propriété industrielle est protégée

Le texte complet de chaque Loi peut être fourni séparément, sur demande.

RÉSUMÉ
DES LÉGISLATIONS FRANÇAISE ET ÉTRANGÈRES

BREVETS D'INVENTION

FRANCE
(Loi du 5 juillet 1844).

Principe de la Loi. — Les brevets sont accordés sans examen et sans garantie pour toutes inventions ou découvertes nouvelles.

« Art. 2. Seront considérées comme inventions ou découvertes nouvelles:

«L'invention de nouveaux produits industriels;

«L'invention de nouveaux moyens, ou l'application nouvelle de moyens connus pour l'obtention d'un résultat ou d'un produit industriel: »

« Art. 3. Ne sont pas susceptibles d'être brevetés:

« 1° Les compositions pharmaceutiques ou remèdes de toute espèce, lesdits objets demeurant soumis aux lois et réglements spéciaux sur la matière, et notamment au décret du 18 août 1810, relatif aux remèdes secrets;

« 2° Les plans et combinaisons de crédit ou de finances. »

Sont brevetables. — Les nationaux et les étrangers.

Priorité. — La priorité est acquise à l'inventeur à dater du jour du dépôt de sa demande.

Le breveté à l'étranger a seul le droit de prendre en son nom un brevet français.

La loi ajoute:

« Art. 18. Nul autre que le breveté ou ses ayants droit, agissant comme il est dit ci-dessus, ne pourra pendant une année, prendre valablement un brevet pour un changement, perfectionnement ou addition à l'invention qui fait l'objet du brevet primitif.

« Néanmoins toute personne qui voudra prendre un brevet pour changement, addition ou perfectionnement à une découverte déjà brevetée, pourra, dans le cours de la dite année, former une demande qui sera transmise et restera déposée sous cachet au ministère de l'agriculture et du commerce. L'année expirée, le cachet sera brisé et le brevet délivré.

« Toutefois le breveté principal aura la préférence pour les changements, perfectionnements et additions pour lesquels il aurait lui-même, pendant l'année, demandé un certificat d'addition ou un brevet. »

« Art. 19. Quiconque aura pris un brevet pour une découverte, invention ou application se rattachant à l'objet d'un autre brevet n'aura aucun droit d'exploiter l'invention déjà brevetée; et réciproquement le titulaire du brevet primitif ne pourra exploiter l'invention objet du nouveau brevet. »

Nature des brevets. — La loi reconnaît des brevets d'invention, et des certificats d'addition se rattachant à ces mêmes brevets.

Durée. — La durée du brevet courra du jour du dépôt de la demande; elle est, à la volonté du demandeur, de cinq, dix ou quinze ans (art. 4).

Pour un brevet importé de l'étranger, la durée est limitée à celle du brevet originel étranger, sans excéder la période de quinze années.

Les certificats d'addition expirent avec le brevet principal auquel ils se rattachent.

Toutefois tout breveté qui, pour un changement, perfectionnement ou addition voudra prendre un brevet principal de cinq, dix ou quinze années au lieu d'un certificat d'addition expirant avec le brevet primitif, devra remplir les formalités prescrites pour la demande d'un brevet.

Un brevet ne peut être prolongé que par une loi spéciale.

Taxes. — Chaque brevet donne lieu au paiement d'une taxe annuelle de 100 francs.

Chaque certificat d'addition donne lieu au paiement d'une taxe unique de 20 francs.

La taxe pour une copie authentique de brevet est de 25 francs. Celle d'une copie de certificat d'addition est de 20 francs.

Pièces à fournir. — « Art. 5. Quiconque voudra prendre un brevet d'invention, devra déposer sous cachet, au secrétariat de la préfecture, dans le département où il est domicilié ou dans tout autre département en y élisant domicile:

« 1° Sa demande au ministre de l'agriculture et du commerce;

« 2° Une description de la découverte, invention ou application faisant l'objet du brevet demandé;

« 3° Les dessins qui seraient nécessaires pour l'intelligence de la description;

« Et 4° un bordereau des pièces déposées. »

« Art. 6. La demande sera limitée à un seul objet principal, avec les objets de détail qui le constituent et les applications qui auront été indiquées.

« Elle mentionnera la durée que les demandeurs entendent assigner à leur brevet, dans les limites fixées par l'article 4, et ne contiendra ni restrictions ni conditions, ni réserves.

« Elle indiquera un titre renfermant la désignation sommaire et précise de l'objet de l'invention.

« La description ne pourra être écrite en langue étrangère. Elle devra être sans altération ni surcharges. Les mots rayés comme nuls seront comptés et constatés, les pages et les renvois paraphés. Elle ne devra contenir aucune dénomination de poids et mesures autres que celles qui sont portées au tableau annexé à la loi du 4 juillet 1837.

« Les dessins seront tracés à l'encre et d'après une échelle métrique.

« Un duplicata de la description et des dessins sera joint à la demande.

« Toutes les pièces seront signées par le demandeur ou par un mandataire dont le pouvoir sera annexé à la demande. »

« Art. 7. Aucun dépôt ne sera reçu que sur la production d'un récépissé constatant le versement d'une somme du 100 francs à valoir sur le montant de la taxe du brevet. »

Exploitation. — L'invention doit être exploitée en France dans le délai de deux ans à dater de la signature du brevet, et ne peut cesser d'être exploitée pendant deux années consécutives à moins que l'inventeur ne justifie des causes de son inaction.

Mutations et transferts. — « Art. 20. Tout breveté pourra céder la totalité ou partie de son brevet.

« La cession totale ou partielle d'un brevet, soit à titre gratuit, soit à titre onéreux, ne pourra être faite que par acte notarié, et après le paiement de la totalité de la taxe.

« Aucune cession ne sera valable, à l'égard des tiers, qu'après avoir été enregistrée au secrétariat de la préfecture du département dans lequel l'acte aura été passé.

« L'enregistrement des cessions et de tous autres actes emportant mutation, sera fait sur la production et le dépôt d'un extrait authentique de l'acte de cession ou de mutation.

« Une expédition de chaque procès-verbal d'enregistrement, accompagnée de l'extrait de l'acte ci-dessus mentionné, sera transmise, par les Préfets, au Ministre de l'agriculture et du commerce, dans les cinq jours de la date du procès-verbal. »

Causes de nullité et de déchéance. — « Art. 30. Seront nuls et de nul effet les brevets délivrés dans les cas suivants, savoir :

« 1° Si la découverte, invention ou application n'est pas nouvelle ;

« 2° Si la découverte, invention ou application n'est pas susceptible d'être brevetée ;

« 3° Si les brevets portent sur des principes, méthodes, systèmes, découvertes et conceptions théoriques dont on n'a pas indiqué les applications industrielles ;

« 4° Si la découverte, invention ou application est reconnue contraire à l'ordre ou à la sûreté publique, aux bonnes mœurs ou aux lois du royaume, sans préjudice, dans ce cas et dans celui du paragraphe précédent, des peines qui pourraient être encourues pour la fabrication ou le débit d'objets prohibés ;

« 5° Si le titre sous lequel le brevet a été demandé indique frauduleusement un objet autre que le véritable objet de l'invention ;

« 6° Si la description jointe au brevet n'est pas suffisante pour l'exécution de l'invention ou si elle n'indique pas, d'une manière complète et loyale, les véritables moyens de l'inventeur ;

« 7° Si le brevet a été obtenu contrairement aux dispositions de l'article 18.

« Seront également nuls et de nul effet les certificats comprenant des changements, perfectionnements ou additions qui ne se rattacheraient pas au brevet principal

« Art. 31. Ne sera pas réputée nouvelle toute découverte, invention ou application qui, en France ou à l'étranger, et antérieurement à la date du dépôt de la demande, aura reçu une publicité suffisante pour pouvoir être exécutée.

« La publicité résultant d'une invention vue à une exposition faite par l'autorité, n'est pas considérée comme publicité. » (Loi de 1868).

« Art. 32. Sera déchu de tous ses droits :

« 1° Le breveté qui n'aura pas acquitté son annuité avant le commencement de chacune des années de la durée de son brevet ;

« 2° Le breveté qui n'aura pas mis en exploitation sa découverte ou invention en France, dans le délai de deux ans à dater du jour de la signature du brevet, ou qui aura cessé de l'exploiter pendant deux années consécutives ; à moins que, dans l'un ou l'autre cas, il ne justifie des causes de son inaction ;

« 3° Le breveté qui aura introduit en France des objets fabriqués en pays étrangers et semblables à ceux qui sont garantis par son brevet.

« Néanmoins le ministre de l'agriculture du commerce et des travaux publics pourra y autoriser l'introduction : 1° des modèles de machines ; 2° des objets fabriqués à l'étranger, destinés à des expositions publiques ou à des essais faits avec l'assentiment du gouvernement. » (Loi du 31 mai 1856).

Juridiction. — Contrefaçon. — Pénalités. — « Art. 40. Toute atteinte portée aux droits du breveté, soit par la fabrication de produits, soit par l'emploi de moyens faisant l'objet de son brevet, constitue le délit de contrefaçon.

« Ce délit sera puni d'une amende de 100 à 2,000 fr.

« Art. 41. Ceux qui auront sciemment recélé, vendu ou exposé en vente, ou introduit sur le territoire français, un ou plusieurs objets contrefaits, seront punis des mêmes peines que le contrefacteur. »

« Art. 42. Les peines établies par la présente loi ne pourront être cumulées.

« La peine la plus forte sera seule prononcée pour tous les faits antérieurs au premier acte de poursuite. »

« Art. 43. Dans le cas de récidive, il sera prononcé, outre l'amende portée aux articles 40 et 41, un emprisonnement de un à six mois.

« Il y a récidive lorsqu'il a été rendu contre le prévenu, dans les cinq années antérieures, une première condamnation pour un des délits prévus par la présente loi.

« Un emprisonnement d'un mois à six mois pourra aussi être prononcé si le contrefacteur est un ouvrier ou un employé ayant travaillé dans les ateliers ou dans l'établissement du breveté, ou si le contrefacteur, s'étant associé avec un ouvrier ou un employé du breveté, a eu connaissance par ce dernier des procédés décrits au brevet.

« Dans ce dernier cas, l'ouvrier ou l'employé pourra être considéré comme complice. »

ALLEMAGNE

(Loi du 25 mai 1877, en vigueur à partir du 1er juillet 1877)

Un seul brevet couvre toute l'Allemagne. Les législations particulières à chaque État sont abrogées.

Pour les brevets antérieurs au 1er juillet 1877, voir les *Dispositions transitoires*.

Principe de la Loi. — Les brevets sont accordés après examen mais sans garantie.

Sont brevetables. — Les nationaux et les étrangers; ces derniers, s'ils demeurent à l'étranger, doivent donner pleins pouvoirs à un mandataire résidant en Allemagne.

Priorité. — A droit au brevet celui qui, le premier, aura fait connaître l'invention et déposé une demande conformément à la loi. Cependant, le brevet ne sera pas délivré:

1° Si les parties essentielles de la spécification ont été empruntées à des descriptions, dessins, modèles, ou procédés appartenant à une autre personne, sans le consentement de cette dernière.

2° Si l'invention doit être appliquée pour l'armée ou la flotte en vertu d'une ordonnance du Chancelier.

Nature des brevets. — La loi reconnaît des brevets d'invention et des certificats d'addition.

Durée. — La durée du brevet d'invention est de 15 ans qui commencent à courir le lendemain du dépôt.

Les certificats d'addition expirent avec le brevet principal auquel ils se rattachent.

Taxes. — Pour chaque demande de brevet et au moment où on fait la déclaration, on doit verser une somme de 20 marcs (25 fr.) pour frais des 1res formalités. A la délivrance, il est perçu un droit de 30 marcs (37 fr.50) Total 50 marcs (62 fr. 50) constituant la 1re annuité ; pour la deuxième année 50 marcs (62 fr. 50); la troisième année 100 marcs (125 fr.) et ainsi de suite en augmentant de 50 marcs (62 fr, 50) par an.

Pour les certificats d'addition il n'y a pas d'annuités à payer ; ils sont soumis seulement au droit fixe de 50 marcs (62 fr. 50) indiqué ci-dessus pour les brevets.

Pièces à fournir. — *Formalités.* — 1° Une déclaration spéciale adressée au Bureau des Brevets et contenant la demande avec la désignation exacte de l'objet à breveter.

2° Un mémoire-annexe décrivant l'invention assez bien pour permettre de l'exécuter ; ces documents doivent être en langue allemande.

3° Tous dessins, modèles ou échantillons requis.

« Art. 22. Le Bureau des Brevets ordonne la publication de la demande ou déclaration s'il juge qu'elle est régulièrement faite et que le brevet peut être délivré. A partir de cette publication, le brevet entrera provisoirement en vigueur (Art. 4 et 5).

La demande sera rejetée si le Bureau des Brevets

juge que l'invention n'est pas brevetable.

« Art. 23. Le nom du demandeur ainsi que le résumé de sa demande seront publiés une fois dans le *Moniteur de l'Empire*.

« Art. 24. Huit semaines à partir du jour de la publication (Art.23) le Bureau officiel aura à se prononcer sur la délivrance du brevet. Il peut être fait opposition à cette délivrance jusqu'à ce moment.

« Art. 25. Le demandeur d'un Brevet peut, dans un délai de quatre semaines à partir de la notification, interjeter appel de l'arrêt rejetant la déclaration; et le demandeur ou l'opposant peut adresser un recours dans le même délai contre l'arrêt prononçant la délivrance du Brevet. La notification du recours doit être accompagnée de la somme de 20 marcs (25 fr.) pour frais de procédure.

« Art. 26. Si le brevet est refusé, la protection provisoire cesse aussitôt.

Exploitation. — L'invention doit être mise en exploitation en Allemagne dans les trois ans à partir de la délivrance.

La loi ne s'oppose pas à l'introduction des appareils ou produits fabriqués à l'étranger.

Mutations et transferts. — « Art. 6. Le droit à la délivrance du Brevet et les droits découlant de celui-ci passent aux héritiers ; ils peuvent aussi être transférés ou transmis à des tiers, en totalité ou en partie par traité ou par testament.

Causes de nullité ou de déchéance. — Le brevet

sera annulé :

1° Si l'invention n'était pas brevetable et nouvelle, c'est-à-dire si elle a été publiée, ou si elle a été appliquée en Allemagne d'une manière tellement notoire que des tiers experts en la matière aient pu s'en servir.

2° Si les parties essentielles de la description sont empruntées à des descriptions, dessins, modèles, procédés, etc., appartenant à un tiers, — et sans le consentement de celui-ci.

Le breveté sera déchu de tous ses droits :

1° S'il renonce à son privilége ou s'il n'a pas acquitté en temps utile les annuités de son brevet ;

2° S'il n'exploite pas l'invention en Allemagne sur une échelle convenable dans le délai requis, ou s'il ne fait pas tout ce qui est nécessaire pour assurer cette exploitation.

Si, dans l'intérêt public, il paraît nécessaire d'accorder une licence d'exploitation, et que le breveté refuse néanmoins d'accorder cette licence moyennant une indemnité équitable et des garanties suffisantes, le brevet peut aussi lui être retiré.

Juridiction. — Contrefaçon. — Pénalités. — Art. 34. Quiconque, contrairement aux dispositions des art. 4 et 5, applique ou contrefait sciemment une invention, est passible d'une amende de 5,000 marcs (6, 250 fr.) au maximum ou d'un an de prison au maximum. En outre, des dommages-intérêts sont dus à la partie lésée.

Les poursuites ne seront pas exercées d'office.

« Art. 36. En place de dommages-intérêts, le

contrefacteur peut être contraint à payer à la partie lésée une somme de 12,500 fr.

« Art. 38. Il y a prescription au bout de trois ans pour les actions relatives aux atteintes portées aux droits des brevetés.

Dispositions transitoires. — « Art. 41. Les brevets actuellement existants en vertu des lois allemandes spéciales à chaque pays, restent en vigueur conformément à la présente loi, jusqu'à leur expiration ; leur durée ne peut être prolongée.

Ces titres (Art. 41) peuvent être convertis en brevets allemands conformément à la présente loi.

De la durée légale de ce brevet sera déduit le temps pendant lequel l'invention avait déjà été brevetée en Allemagne en vertu du plus ancien des brevets.

L'échéance et le montant des annuités sont déterminés d'après l'époque où l'invention a été brevetée pour la première fois en Allemagne.

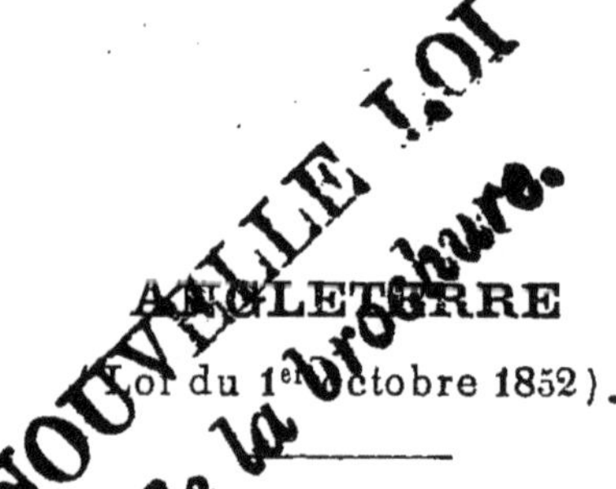

ANGLETERRE

(Loi du 1er octobre 1852).

Principe de la loi. — Examen constatant seulement la régularité des documents déposés.

Qui brevetables. — Les nationaux et les étrangers.

Nature des Brevets. — *Priorité.* — La loi accorde une patente à l'inventeur ou à l'importateur d'une invention étrangère ; dans ce dernier cas, le demandeur doit déclarer par qui cette invention lui a été communiquée.

En cas de fraude, la loi ajoute : « Le véritable inventeur, bien que breveté tardivement, sera privilégié. »

Durée. — Quatorze ans ; le gouvernement peut accorder une prolongation qui est ordinairement de sept années.

Une seule patente couvre l'Angleterre, l'Ecosse, l'Irlande et les îles du Canal.

Pièces à fournir ; formalités. — 1° Déclaration devant un consul anglais que le demandeur est le premier inventeur ou importateur de l'objet à breveter ;

2° Une pétition à la reine ;

3° Une description provisoire en double expédition, et deux copies des dessins, s'il y a lieu.

Au lieu de déposer une spécification provisoire, le pétitionnaire peut déposer une spécification complète sur parchemin et son duplicata.

4° Dans l'un et l'autre cas, il devra, avant la fin du quatrième mois à partir de la date du dépôt, donner au bureau des patentes, avis de son intention de procéder au complément de la patente; cet avis sera annoncé dans la *Gazette de Londres*. Toute personne ayant intérêt à s'opposer à la délivrance de la patente, aura le droit de former opposition à cette délivrance, en déposant entre les mains de l'attorney général, dans le délai de vingt et un jours à partir de la publication, une note contenant les motifs de cette opposition.

L'opposant et l'opposé, ou leurs agents se présentent ensuite à l'audience fixée par l'attorney général et ont à payer chacun 87 fr. 50 c. Après examen des motifs de l'opposition, l'attorney général arrête la demande ou en exige la modification, ou bien il autorise le demandeur à continuer sa patente.

Dans le cas où il n'y aurait pas eu d'opposition, après les vingt et un jours de la publication dont il est parlé ci-dessus (ou bien si, après opposition, le demandeur a eu gain de cause), la demande suit son cours.

5° La demande du grand sceau peut être formée ou immédiatement après l'expiration du délai ci-dessus, ou au plus tard vingt et un jours pleins avant l'expiration du sixième mois, à peine de déchéance.

6° Si l'inventeur a déposé une spécification complète tout d'abord et rempli les formalités ci-dessus (voir 4° et 5°), il n'a plus qu'à effectuer le paiement des deux derniers termes de la taxe (2me période de quatre ans et 3me période de sept ans); mais, s'il n'a déposé qu'une spécification provisoire, il devra, à peine de déchéance, avant l'expiration du sixième mois à partir de la demande, effectuer le dépôt d'une spécification complète et de son duplicata, et, s'il y a lieu, des dessins et de leur duplicata, le tout sur parchemin. Toute demande, toute spécification, toute pièce technique est faite suivant des formules exigées.

Taxes. — 1° En déposant la pétition pour demander la patente, 5 liv. = 125 francs*.

Si l'inventeur dépose une spécification provisoire, il n'a aucune taxe supplémentaire à verser; mais s'il dépose, en formant sa demande, une spécification complète, il doit payer, en sus de la taxe ci-dessus, la somme de 5 livres pour timbre de la dite spécification complète.

2° En donnant avis qu'on veut procéder au complément de cette patente, 5 liv. = 125 francs*.

3° Pour le warrant (frais de timbre), 5 liv. = 125 francs*.

4° Pour le grand sceau de la patente, 5 liv. = 125 francs*.

5° Dépôt de la spécification (frais de timbre), 5 liv. = 125 francs*.

Total des frais à payer dans les six mois, pour le premier terme de 3 ans, 25 liv. = 625 francs*.

---

* Le change et les autres frais ne sont pas compris dans les sommes ci-dessus.

6° Taxe à payer avant l'expiration de la troisième année, 50 liv. = 1,250 francs*.

7° Taxe à payer avant l'expiration de la septième année, 100 liv. = 2,500 francs.

Total des frais pour la patente de quatorze ans, 175 liv. = 4,375 francs*.

La patente doit, lors du paiement de chacune des deux dernières taxes ci-dessus, être représentée au bureau des patentes pour être munie du certificat constatant le paiement des dites taxes.

Causes de déchéance. — La patente est déchue :

1° Par le non-acquittement des taxes en temps utile.

2° Lorsqu'elle a été demandée en fraude des droits du véritable inventeur ;

3° Si elle a été accordée pour une invention qui a été, en pays étranger, l'objet d'une patente, après l'expiration du dit privilège étranger ;

4° Si le demandeur a négligé de déposer sa spécification complète en temps utile, ou s'il n'a pas rempli, dans les délais prescrits, l'une des formalités dont il est parlé plus haut.

5° Lorsque dans les procès en contrefaçon et en déchéance, ou en opposition à la délivrance, on pourra invoquer contre la patente la publicité ou l'exploitation antérieure.

Exploitation. — La loi ne fixe aucune époque obligatoire.

---

* Le change et les autres frais ne sont pas compris dans les sommes ci-dessus.

On peut introduire en Angleterre les appareils ou objets patentés, fabriqués à l'étranger.

Transferts. — Les transferts, signés par l'inventeur, avec indication des noms des personnes en faveur desquelles le transfert est fait, sont inscrits sur un registre public spécial dit *Registre des propriétaires*.

Le titulaire des lettres patentes peut les transférer séparément pour l'Écosse, l'Angleterre, l'Irlande.

Contrefaçon. — *Pénalité.* — En cas de contrefaçon. l'inventeur a droit à des dommages-intérêts.

COLONIES ANGLAISES.

Des patentes sont accordées en Australie, aux Indes, au Canada et dans la plupart des autres colonies anglaises.

Le montant des taxes, frais administratifs et autres, pour chaque colonie est le suivant :

	£	fr.
Australie méridionale	52 =	1,300 fr.
— de l'Ouest	65	1,625
— Nouvelle Galles du Sud.	60	1,500
— Queensland	60	1,500
— Tasmanie	50	1,250[1]
— Victoria.	53	1,325[1]

(1) Taxe avant l'expiration de la 3me année : 30 liv. = 750 fr.
— 7me — 36 » = 900 »

Barbade (Règlement pour 7 ans) . .	£ 67	1,675 fr.
Canada.	5 ans	30	750
—	10 ans	35	875
—	15 ans	40	1,000
Cap de Bonne Espérance		48	1,200[1]
Ceylan		60	1,500
Dominique		47	1,175[1]
Guyane anglaise		72	1,800[2]
Ile Maurice (14 ans, prolongeable) . .		65	1,625
Indes		48	1,200
Jamaïque		72	1,800
Montserra.		27	675
Nevis		27	675
Nouvelle-Zélande		50	1,250
Sainte Lucie		56	1,400
Terre-Neuve		55	1,375
Trinité		52	1,300

(1) Taxe avant l'expiration de la 3me année: 28 liv. = 700 fr.
— 7 — 38 » = 950 »

(2) Taxe avant l'expiration de la 7me année: 40 liv. = 1000 fr.

AUTRICHE-HONGRIE

(Loi du 15 août 1852).

Principe de la loi. — Examen préalable des documents, mais sans garantie, soit de la nouveauté, soit de l'utilité de l'invention.

Sont brevetables. — Les nationaux et les étrangers.

Priorité. — La priorité est acquise à partir du jour du dépôt. Le privilège commence à la délivrance du brevet.

Nature des brevets. — Il y a deux sortes de brevets :

1° *Le Brevet d'invention* accordé à tout inventeur autrichien ou étranger qui, résidant ou représenté en Autriche, en fait la demande régulière.

2° *Le Brevet d'importation* accordé à l'inventeur breveté à l'étranger ou à ses héritiers, ayants-droit, ou cessionnaires légaux, pourvu toutefois que le brevet étranger soit encore en vigueur.

Les inventions sont classées sous trois dénominations différentes ;

1° *Découverte* : S'applique à la création de nouveaux produits ou de nouveaux procédés ou méthodes de production généralement inconnues dans le pays ; ou à la révélation de méthodes oubliées ou perdues.

2° *Invention* : S'applique à la création de produits nouveaux ou à des moyens ou procédés de fabrication différents de ceux en usage.

3° *Perfectionnement* : S'applique à toute addition, à toute amélioration, à tout changement apporté à une découverte ou à une invention déjà connue.

Les antériorités ne sont opposables que si la chose a été pratiquée ou publiée dans l'Empire d'Autriche.

Tout brevet pour découverte, invention ou perfectionnement doit avoir pour objet :

a. Un nouveau produit industriel ;

b. Un nouveau moyen ou une nouvelle méthode de production ;

c. Enfin un ou plusieurs perfectionnements apportés soit aux produits industriels, soit aux méthodes ou moyens propres à les obtenir ; dans ce dernier cas, les brevets sont limités à la partie perfectionnée.

Le brevet ne doit comprendre qu'une seule et unique invention, mais deux méthodes, deux moyens divers servant à obtenir un seul et même produit industriel, peuvent être revendiqués dans le même titre.

L'inventeur doit déclarer s'il entend que les moyens, procédés etc., décrits dans ses documents techniques, restent secrets ou soient publiés.

Il n'est pas accordé de brevets pour la préparation des aliments, des boissons, des médicaments ou pour toute découverte contraire aux intérêts de l'Etat, à la morale, à la santé et à la sécurité publiques.

Un seul brevet couvre l'Autriche, la Hongrie et les autres dépendances autrichiennes, mais deux procédures doivent concurremment être suivies : la première pour l'Autriche et ses dépendances immédiates ; la seconde pour la Hongrie.

Durée. — Pour un Brevet d'invention, quinze ans au maximum sauf prolongation par immunité impériale ;

Pour un brevet d'importation, même durée que celle du brevet étranger originel ; en cas de déchéance de ce dernier, le brevet autrichien tombe également.

Taxes. — 25 florins (65 fr.) pour chacune des cinq premières années, ou 125 florins pour un brevet de 5 ans.

6e année	38 florins ;	11e année	75 florins ;
7 —	44 —	12 —	87 —
8 —	50 —	13 —	100 —
9 —	56 —	14 —	113 —
10 —	62 —	15 —	125 —
ou 250 florins pour les cinq années suivantes.		ou 500 florins pour les cinq dernières années.	

Total : 875 florins pour un brevet de 15 ans.

La taxe doit être payée d'avance pour le nombre d'années demandé ; elle est remboursée en cas de refus du brevet.

Les taxes payées pour un brevet annulé pendant le cours de sa durée, sont remboursées en proportion du nombre d'années restant à courir.

Les brevets sont, en outre, soumis au paiement d'un impôt annuel, dit : *impôt du commerce*, s'élevant à 7 florins (18 fr.) chaque année et à une taxe du Conseil d'hygiène (25 florins).

Tout propriétaire d'un brevet de moins de 15 ans, a le droit d'en demander la prolongation, pourvu qu'il présente sa demande avant l'expiration du terme, qu'il paye d'avance la taxe pour la durée de la prolongation, et représente son titre.

Pièces à fournir. — 1° Une demande au gouverneur de la province, contenant toutes les indications nécessaires; 2° la quittance constatant le paiement de la taxe; 3° la description de l'invention (en langue allemande), accompagnée de dessins, s'il y a lieu.

S'il s'agit d'un brevet d'importation, on doit remettre en outre · une copie authentique du brevet étranger légalisée ; et, si le brevet est sollicité par un mandataire, celui-ci doit être pourvu d'une procuration légalisée par un consul autrichien ; en outre, le mandataire doit résider en Autriche.

Exploitation. — Le brevet doit être exploité dans l'année de la délivrance du titre.

La loi ne défend pas l'introduction des objets brevetés fabriqués à l'étranger.

Mutations et transferts. — Tout brevet peut être cédé en totalité ou en partie. La cession est enregistrée, publiée, et mention en est faite sur le titre même.

Causes de nullité et de déchéance. — 1° Insuffisance de la description; 2° manque de nouveauté; 3° si l'invention brevetée est importée d'un pays étranger par un autre que l'inventeur ou son cessionnaire; 4° exploitation d'un brevet contraire à la sûreté publique ou à la morale; 5° non-exploitation ou interruption de l'exploitation pendant deux ans, apres la mise en œuvre de la première année.

Contrefaçon. — *Pénalités.* — Toute personne qui contrefait l'objet d'un brevet, est condamnée à la saisie des objets contrefaits et à une amende de 25 à 1,000 florins, non compris les dommages-intérêts à allouer au breveté.

Les outils ayant servi à la fabrication des articles contrefaits doivent être détruits ou transformés, à moins qu'un arrangement intervienne entre les parties.

BELGIQUE

(Loi du 24 mai 1854).

Principe de la loi. — Des brevets sont accordés sans examen préalable et sans garantie, pour toutes découvertes ou tous perfectionnements susceptibles d'être exploités comme objets d'industrie ou de commerce.

Sont brevetables. — Les nationaux et les étrangers.

Priorité. — L'auteur d'une découverte brevetée à l'étranger, pourra seul obtenir par lui-même ou par ses ayants-droits, un brevet d'importation en Belgique.

S'il n'est pas breveté à l'étranger, il peut comme les nationaux, obtenir un brevet d'invention.

Nature des Brevets. — La loi reconnaît des brevets d'invention, des brevets d'importation et des brevets de perfectionnement.

Durée. — La durée du brevet d'invention est fixée à vingt ans.

Le brevet de perfectionnement prend fin en même temps que le brevet primitif.

La durée du brevet d'importation n'excédera pas celle du brevet antérieurement concédé à l'étranger.

Taxes. — Il sera payé, pour chaque brevet d'invention ou d'importation, une taxe annuelle et progressive ainsi qu'il suit: première année, 10 francs; deuxième, 20 francs; troisième, 30 francs, et ainsi de suite jusqu'à la vingtième année, pour laquelle la taxe sera de 200 francs. La taxe sera payée par anticipation. Il ne sera point exigé de taxe pour les brevets de perfectionnement, lorsqu'ils auront été délivrés au titulaire du brevet principal; dans le cas contraire, ils sont soumis à la même taxe que les brevets d'Invention ou d'Importation, leur durée est alors indépendante de celle du brevet principal.

Pièces à fournir, — 1° La description de l'invention et son duplicata faits sur papier *propatria* de dimensions spéciales; cette description devra se terminer par un court résumé indiquant *sans le secours des dessins*, l'objet principal de l'invention.

2° Deux copies des dessins, s'il y en a; ils doivent être faits à l'encre noire, sur toile à calquer et à une échelle métrique. Le format est le même que celui de la description, simple ou multiplié.

3° Un bordereau des pièces déposées;

4° Une procuration sous-seing privé si le demandeur agit par l'intermédiaire d'un mandataire.

5° Une quittance constatant le paiement de la somme de dix francs pour la première année.

Exploitation. — Le possesseur d'un brevet devra exploiter ou faire exploiter en Belgique l'objet breveté dans l'année à partir de la mise en exploitation à l'Étranger.

Toutefois le gouvernement pourra, par un arrêté motivé inséré au *Moniteur* avant l'expiration de ce terme, accorder une prorogation d'une année au plus.

A l'expiration de la première année ou du délai qui aura été accordé, le brevet sera annulé par arrêté royal s'il n'y a pas eu exploitation. L'annulation sera également prononcée lorsque l'objet breveté exploité à l'étranger, aura cessé de l'être en Belgique pendant une année, à moins que le possesseur du brevet ne justifie des causes de son inaction.

Nota. — Le breveté peut introduire en Belgique des objets fabriqués à l'Étranger, mais cette introduction seule ne suffit pas pour constituer la mise en exploitation.

Causes de déchéance. — 1° Non-acquittement de la taxe dans le mois de l'échéance.

Toutefois, par une loi du 27 mars 1857, le gouvernement a accordé un délai de cinq mois, moyennant le paiement d'une amende de 10 francs.

2° Non-exploitation dans l'année à dater de la mise en exploitation à l'étranger, ou cessation d'exploitation;

3° Manque de nouveauté;

4° Insuffisance de description;

5° Publication dans un ouvrage ou recueil imprimé avant la prise du brevet.

Si cet ouvrage imprimé est le fait d'une prescription légale, sa publication n'est pas une cause de déchéance.

Mutations et transferts. — Toute transmission de brevet par acte entre vifs ou testamentaire, sera enregistrée au droit fixe de 10 francs.

Toute cession ou mutation totale ou partielle du brevet devra être notifiée au département de l'intérieur. La notification de la cession, ou de tout autre acte emportant mutation, devra être accompagnée d'un extrait authentique de l'acte de cession ou de mutation.

Contrefaçon. — Pénalités. — Les brevets confèrent à leurs possesseurs ou ayants-droit, le droit exclusif de poursuivre devant les tribunaux ceux qui porteraient atteinte à leurs droits, soit par la fabrication des produits ou l'emploi des moyens et procédés compris dans le brevet, soit en détenant, vendant, exposant en vente ou en introduisant sur le territoire belge, un ou plusieurs objets contrefaits.

Des dommages-intérêts pourront être alloués au breveté ou à ses ayants-droit, sans préjudice de la confiscation des objets contrefaits et des ustensiles et outils ayant servi à les confectionner (ou l'allocation d'une somme égale au prix des objets qui seraient déjà vendus), si les personnes poursuivies ont agi sciemment.

BRÉSIL

(Loi du 28 août 1830)

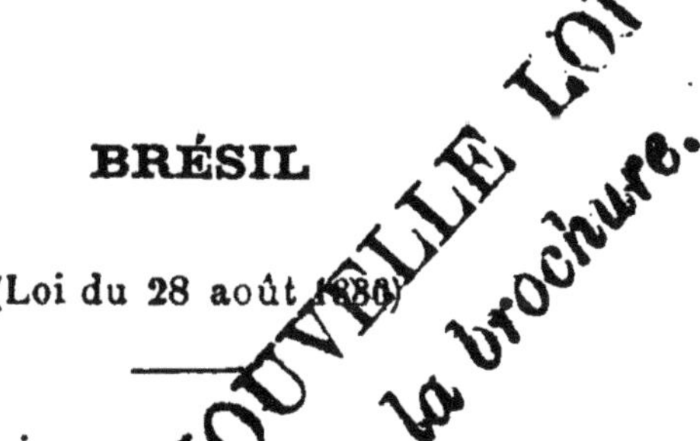

Principe de la loi. — Les brevets sont délivrés sans examen et sans garantie.

Sont brevetables. — Les nationaux; les étrangers qui introduisent une industrie ou une invention, ont droit à une prime proportionnée à son utilité et à la difficulté de son introduction.

Priorité et nature des brevets. — La loi accorde des brevets d'invention aux nationaux. Des privilèges assimilables aux brevets, sont, dans la pratique, octroyés aux étrangers.

Durée. — La durée est de cinq à vingt ans selon l'importance de l'invention; une prolongation peut être accordée par une loi (Art. 5).

Taxes. — Il n'y a pas de taxes proprement dites, mais le montant des frais administratifs, timbres et formalités est assez élevé.

Pièces à fournir : — 1° Une procuration notariée et légalisée;

2° Trois descriptions signées par l'inventeur et légalisées par le consul du Brésil. — La copie authentique du brevet étranger est généralement exigée.

Exploitation. — Le brevet doit être exploité dans les deux ans à partir de la délivrance. La loi n'interdit pas l'introduction d'objets brevetés fabriqués à l'étranger.

Mutations et transferts. — Le transfert d'un brevet se fait, comme toute cession de propriété, sans formalités spéciales.

Causes de nullité et de déchéance. — 1° Si l'inventeur ne fait pas connaître son invention d'une manière complète et loyale;

2° S'il y a eu publicité antérieure.

3° Si l'invention n'est pas mise en exploitation dans les deux ans à partir de la délivrance.

4° Si l'inventeur a obtenu un brevet à l'étranger; dans ce cas l'inventeur aura droit à la prime accordée aux introducteurs.

5° Si l'invention est reconnue nuisible ou contraire aux lois.

6° S'il y a eu exploitation avant la délivrance du brevet.

Juridiction. — Contrefaçon. — Pénalités. — Le contrefacteur sera passible de dommages-intérêts et paiera une amende égale au dixième de la valeur des produits contrefaits, ainsi que les frais des poursuites. L'outillage et les produits seront, en outre, confisqués au bénéfice du breveté.

DANEMARK

Il n'existe pas en Danemark de loi spéciale sur les Brevets d'invention; des coutumes et usages règlent la matière, et la contrefaçon, considérée comme une usurpation de propriété, est assimilée aux délits de droit commun.

Les Brevets sont accordés après examen mais sans garantie.

Sont brevetables. — Les nationaux et les étrangers.

Nature des brevets. — *Durée.* — *Priorité.* — Des Lettres Patentes Royales accordent des brevets d'invention et des brevets d'importation. La durée des brevets d'invention varie de 3 à 20 années, — celle des brevets d'importation est de 3, 4 ou 5 ans. La date légale est celle de la déclaration par laquelle le Comité d'examen conclut à la délivrance du brevet.

Taxes. — La taxe pour le dépôt est de 17 rixdalers (env. 60 fr.) si le brevet est demandé au nom d'une seule personne, — et de 34 rixdalers si le brevet est pris aux noms de plusieurs personnes.

En plus de cette taxe il y a à payer des droits administratifs, frais de traduction, légalisation officielle etc.

Pièces à fournir. — Une demande au Roi; deux exemplaires de la description en langue danoise; des dessins en double expédition; — une procuration en règle si la demande est faite par un mandataire.

Exploitation. — L'exploitation doit commencer dans l'année à partir de la délivrance et ne pas être interrompue.

Mutations et transferts. — Quand une demande de transfert est présentée par le breveté et le cessionnaire, il est délivré un nouveau titre au nom de ce dernier pour le temps qui restait à courir au brevet primitif.

Causes de nullité et de déchéance. — La nullité est prononcée si une invention semblable a été exploitée en Danemark antérieurement à la prise du brevet.

Le brevet est déchu si l'invention n'est pas mise en exploitation dans l'année ou si l'exploitation est suspendue.

Juridiction. — Contrefaçon. — Pénalités. — Le contrefacteur est passible de dommages-intérêts et, dans certains cas, à l'amende et à la prison.

ESPAGNE

BREVET COUVRANT LES COLONIES

CUBA — PORTO-RICO — ILES PHILIPPINES — ANTILLES

Loi du 31 juillet 1878.

Les brevets délivrés antérieurement au 1er août 1878 continueront à être régis par l'ancienne loi jusqu'à leur expiration.

Principe de la loi. — Les brevets sont accordés sans examen et sans garantie.

Priorité. — La priorité est acquise à partir du dépôt; la date du brevet est celle de la délivrance du titre.

Nature des brevets. — *Durée.* — La loi accorde des brevets d'invention, des brevets d'importation et des certificats d'addition.

Le *Brevet d'invention* est délivré pour 20 ans aux nationaux et aux étrangers auteurs d'une découverte ou d'une invention nouvelle. Si l'invention a déjà été brevetée à l'étranger, l'inventeur pourra obtenir un brevet de 10 ans pourvu que les brevets étrangers n'aient pas plus de 2 ans de date.

Le *Brevet d'importation* est accordé pour 5 ans à celui qui introduit une invention en Espagne ou dans ses colonies.

Les *Certificats d'addition* sont accordés pendant toute la durée du brevet pour des modifications ou perfectionnements apportés à l'invention.

Taxes. — En dehors des frais administratifs nécessités par la demande du brevet et des impôts, la taxe est de 10 francs pour la première année et augmente progressivement de 10 fr. par an jusqu'à 200 fr. (20me annuité).

Les certificats d'addition sont soumis à une taxe unique de 25 fr.

Pièces à fournir. — 1° Une procuration en espagnol, légalisée, si le demandeur agit par mandataire.

2° Une description en espagnol terminée par un court résumé désignant les points essentiels de l'invention. Le brevet sera accordé pour les parties revendiquées. Les indications des poids et mesures doivent être conformes au système métrique français.

3° Deux exemplaires, sur toile, des dessins nécessaires ; ils doivent être faits à l'encre, sans couleurs ou teintes ; l'échelle doit être conforme au système métrique français.

Si les documents ne sont pas établis conformément à la loi, il sera accordé à l'inventeur pour les compléter ou les rectifier : deux mois s'il réside en Europe, quatre mois s'il réside en Amérique et huit mois s'il réside en Asie.

Exploitation. — L'exploitation devra avoir lieu dans les 2 ans à partir de la délivrance du Brevet et doit être officiellement constatée ; une loi spéciale peut accorder une prolongation de six mois au plus. La loi ne s'oppose pas à l'introduction d'objets brevetés fabriqués à l'étranger.

Mutations et transferts. — La vente ou cession totale ou partielle d'un brevet doit être faite par devant notaire; il faut produire un certificat du *Conservatoire des Arts*, constatant que les annuités ont été payées avant la signature du contrat. Les ventes ou cessions doivent être enregistrées 1° au secrétariat du gouvernement de la province où le dépôt a été effectué, 2° au Conservatoire des Arts; elles sont publiées dans la Gazette de Madrid.

Causes de nullité et de déchéance. — La nullité d'un Brevet ne peut être prononcée que par arrêt de la Cour et sur la demande d'un tiers.

Seront déclarés nuls les brevets délivrés dans les cas suivants;

1° Si l'invention ou la découverte n'est pas nouvelle. (Pour les Brevets d'invention).

2° Si la description annexée à la demande de brevet n'est pas complète ou si elle n'indique pas d'une manière loyale les véritables moyens de l'inventeur.

Sera déchu de tous ses droits le breveté qui aura cessé de payer ses annuités ou qui ne pourra fournir la preuve officielle que l'exploitation a eu lieu dans les deux ans, ou encore celui qui aura cessé son exploitation pendant un an et un jour, à moins d'un cas de force majeure.

Juridiction. - *Contrefaçon.* - *Pénalités.* - Tout contrefacteur d'une invention brevetée est passible d'une amende de 200 à 4000 francs. Les produits contrefaits seront saisis au bénéfice du breveté qui pourra en outre, réclamer des dommages-intérêts. Si le contrefacteur ne peut payer l'amende, il sera condamné à la prison.

Les actions en contrefaçon intentées avant la promulgation de la loi actuelle, seront suivies conformément aux dispositions de l'ancienne loi.

ÉTATS-UNIS

(Loi du 22 juin 1874)

Principe de la loi.—Examen préalable ; la demande doit être limitée à un seul objet.

Sont brevetables. — Les nationaux et les étrangers.

Priorité. — La priorité est acquise au véritable inventeur, et il pourra seul obtenir une patente pourvu que l'invention n'ait pas été employée publiquement aux Etats-Unis plus de deux ans avant la demande de ladite patente.

Durée. — La patente est accordée pour un terme de dix-sept ans.

Lorsqu'il s'agit d'une patente pour une invention déjà brevetée à l'étranger, cette patente sera limitée à la durée du brevet étranger.

Taxes. — Avant qu'une demande soit prise en considération, le pétitionnaire doit verser au trésor des Etats-Unis, ou au bureau des patentes, la taxe suivante, uniforme pour les nationaux et les étrangers : — soit 35 dollars ; — Pour l'extension de la patente, 50 dollars ; — Pour un *disclaimer*, 10 dollars, — Pour copies authentiques, 10 dollars ; — Pour taxe de *l'affidavit*, 15 dollars ; Pour taxe d'appel : 1° auprès des examinateurs, 10 dollars ; 2° auprès du Commissaire, 20 dollars,

Pièces à fournir. — L'inventeur doit faire devant un consul américain, une déclaration, sous serment, indiquant la nation à laquelle il appartient et certifiant qu'il croit être le véritable inventeur de l'objet en question.

A cette déclaration seront joints et scellés : 1° une demande aux Commissaires des Patentes, à Washington, renfermant toutes les indications nécessaires, et, en outre, celle d'un représentant, auquel le pétitionnaire donne pouvoir d'agir en son nom dans tous les cas qui peuvent se présenter;

2° Une description (en anglais) décrivant parfaitement la nature de l'invention;

3° Deux dessins, s'il y a lieu, sur format et papier déterminés.

Toutes ces pièces seront signées par l'inventeur et certifiées par deux témoins devant le consul américain. La demande sera aussi accompagnée de la quittance constatant le versement d'une des taxes ci-dessus.

4° S'il s'agit d'une machine, un modèle en métal ou en bois de la dimension d'un cube d'environ 30 centimètres de côté, au maximum, pourra être requis, dans certains cas, par le Patent-office.

Si l'invention se rapporte à de nouveaux produits, le demandeur devra joindre à l'appui de sa demande des échantillons convenables. Ces modèles et ces produits sont déposés dans un musée à Washington, où le public est admis à les examiner.

Exploitation. — Le patenté n'est pas obligé d'exploiter son invention. Il peut introduire les appareils ou produits fabriqués à l'étranger.

Mutations et transferts. — Les droits résultant d'une patente pourront être cédés en tout ou en partie par un acte écrit; ces cessions, ainsi que les licences accordant à un tiers, soit la faculté de faire usage des droits privatifs conférés par la patente, soit seulement la faculté d'exploiter l'objet de la patente dans une partie des Etats-Unis, seront enregistrées à l'Office des patentes, dans les trois mois de leur date, moyennant une taxe de 15 dollars.

Dans la pratique, lorsque l'inventeur étranger vend la patente à un tiers, la loi lui accorde le privilège, avant d'avoir pris sa patente, de la transférer, c'est-à-dire de requérir les autorités de délivrer la dite patente au nom de ce tiers.

Causes de déchéance. — 1° Si l'invention a été exploitée ou a reçu une publicité suffisante deux ans avant la demande de la patente,

2° Si un ou plusieurs des points revendiqués ne sont pas nouveaux.

3° Si la description est insuffisante.

4° Si la patente a été demandée en fraude des droits du véritable inventeur.

Contrefaçon. — *Pénalités.* — La patente donne à l'inventeur le droit de poursuivre les contrefacteurs.

Dans le cas où la plainte de l'inventeur est justifiée, il a le droit, suivant les circonstances, à des dommages-intérêts d'une valeur maximum triple du dommage causé.

Le contrefacteur est, en outre, condamné aux dépens.

ITALIE.

(Loi du 31 janvier 1864)

Décrets Royaux du 16 septembre 1869, et 13 novembre 1870.

Principe de la loi. — Les brevets sont accordés sans garantie et sans examen (sauf pour les produits alimentaires.)

Sont brevetables. — Les nationaux et les étrangers.

Priorité. — Une invention ou découverte industrielle nouvelle, déjà brevetée à l'étranger, confère à son auteur ou à ses ayants-cause, le droit d'obtenir un brevet dans cet Etat quoiqu'elle ait été publiée pour obtenir le brevet étranger, pourvu cependant que l'on fasse la demande avant l'expiration du brevet étranger et avant que d'autres n'aient librement importé et exploité dans le royaume, la dite invention.

Les effets d'un brevet à l'égard des tiers, commencent au moment où la demande a été faite.

Nature des brevets. — La loi reconnaît les brevets d'invention, leurs certificats d'addition et les brevets d'importation accordés à l'inventeur.

Durée. — La durée d'un brevet ne pourra pas être de plus de quinze ans ni de moins d'un an, elle commencera toujours à compter du dernier jour de l'un des mois de mars, juin, septembre ou décembre qui suivent le jour de la demande; cette durée ne comprendra jamais de fractions d'années.

La durée d'un brevet pour une invention déjà protégée par un brevet étranger, ne pourra excéder la durée dudit brevet étranger, et dans aucun cas elle ne dépassera quinze ans.

La durée d'un brevet concédé pour moins de quinze ans pourra être prolongée d'une ou de plusieurs années, de façon cependant que la durée de la prolongation, jointe à celle du brevet, ne puisse jamais dépasser quinze ans.

La prolongation d'un brevet comprend celle de tous les certificats d'addition.

Taxes. — Pour chaque brevet il sera payé deux taxes :

1° La taxe proportionnelle (payable lors de la demande), composée d'autant de fois 10 francs que la demande du brevet comprend d'années, plus une fraction de 10 francs correspondant à l'intervalle de temps qui sépare le jour de la demande, du dernier jour du trimestre à partir duquel la durée du brevet commence à compter;

2° La taxe annuelle ou progressive, savoir :

Première année, en déposant la demande 40 francs; deuxième et troisième années, 40 francs chacune; pour les quatrième, cinquième et sixième années, 65 francs chacune; pour les septième, huitième et neuvième, 90 francs; pour les dixième, onzième et douzième, 115 francs; et 140 francs pour chacune des 3 dernières années.

Les autres annuités seront payées par anticipation, le premier jour de chaque année de la durée du brevet. (L'administration accorde un délai de trois mois).

La taxe d'un certificat d'addition consiste dans le

paiement unique et par avance de 20 francs seulement.

Les prolongations de brevet sont soumises à une taxe supplémentaire de 40 francs.

Pièces à fournir. — 1° Une demande, présentée par l'inventeur ou son mandataire spécial, indiquant: les nom, nationalité et domicile du demandeur et de son mandataire, le titre de l'invention, la durée à assigner au brevet.

2° Trois originaux de la description (en français ou en italien) sur papier timbré de dimension, tous trois signés par l'inventeur ou son mandataire;

3° Trois originaux des dessins faits sur papier de dimensions déterminées (tous signés par l'inventeur ou son mandataire) à une échelle métrique. Chaque feuille de dessin est soumise à des frais de timbre d'environ 4 francs.

4° Le reçu prouvant que la taxe correspondant à la durée du brevet demandé a été versée dans l'une des caisses publiques.

5° S'il s'agit d'un brevet d'importation, il est nécessaire de présenter le titre original ou une copie, légalisée par le consul italien, du brevet étranger ou de l'arrêté ministériel accordant ce brevet;

6° Une procuration devant notaire, et légalisée, si l'inventeur emploie un mandataire.

7° Un bordereau des pièces déposées.

Une copie du procès-verbal constatant le dépôt, sera délivrée au demandeur, moyennant les frais de timbre.

Les brevets sont délivrés au bout de trois mois; les duplicatas des expéditions du titre sont soumis à une taxe de 15 francs. En cas de réclamation au sujet d'un refus de brevet, le ministre en confiera l'examen à une commission composée de quinze membres.

Exploitation. — Le brevet de cinq ans doit être exploité dans l'année qui suit sa délivrance, et l'exploitation ne doit pas être interrompue pendant un an. L'invention brevetée pour plus de cinq ans, jusqu'à quinze ans, doit être mise en exploitation dans les deux ans, et celle-ci ne doit pas être suspendue pendant le même laps de temps.

La nullité ne sera pas toutefois prononcée si l'inaction a été l'effet de causes indépendantes de la volonté du breveté.

La loi ne s'oppose pas à l'introduction par l'enventeur d'objets brevetés fabriqués à l'étranger.

Mutations et transferts. — Tout acte de transfert de brevet doit être fait sur papier timbré, enregistré au ministère et publié dans la gazette officielle du royaume, aux frais du demandeur.

Le transfert n'aura d'effet, vis-à-vis des tiers, qu'à partir de la date de l'enregistrement.

Le brevet doit aussi être représenté pour être muni de la mention de cession et du certificat d'enregistrement.

Si le brevet est entièrement transféré au nom d'une ou de plusieurs personnes, cette ou ces personnes s'engagent à payer les taxes; mais si le brevet n'est cédé que partiellement, les taxes restantes doivent être payées avant l'enregistrement de la cession.

Causes de nullité et de déchéance. — 1° Si le brevet se rapporte à une invention concernant des médicaments;

2° Si par erreur il a été accordé pour des produits alimentaires contre l'avis du Conseil sanitaire;

3° Si l'invention a été désignée sous un faux titre;

4° Pour description insuffisante ou fausse;

5° Si l'invention n'est ni nouvelle ni industrielle ou bien si elle est contraire aux lois;

6° S'il a été concédé un brevet à un tiers, pour modification d'une invention pendant les premiers six mois réservés à l'auteur ou à ses ayants-cause.

Tout certificat d'addition est nul s'il ne se rapporte pas à l'objet de l'invention principale;

Toute prolongation est aussi nulle si elle est demandée après l'expiration du brevet ou après que la nullité absolue de ce brevet a été prononcée;

Un brevet cesse d'être valide :

1° Si la taxe annuelle progressive n'est pas payée chaque année dans les trois mois qui suivent le jour de la délivrance;

2° Si l'invention n'est pas exploitée dans l'année, ou si l'exploitation a été suspendue pendant un an, pour un brevet dont la durée n'excède pas cinq ans;

3° Si l'invention n'est pas exploitée dans les deux ans, ou si l'exploitation est interrompue pendant deux ans, pour un brevet de plus de cinq ans.

Juridiction. — Contrefaçon. — Pénalités. — Ceux qui, en fraude ou en contravention d'un brevet, fabriquent des produits, emploient des machines ou autres moyens et procédés industriels, ou bien qui achètent pour revendre, exposent en vente ou introduisent dans l'État, des objets contrefaits, commettent un délit punissable d'une amende qui pourra aller jusqu'à 500 fr.

Les objets contrefaits seront saisis et donnés en propriété au possesseur du brevet.

On agira de même à l'égard des personnes qui achètent pour négocier, expédient, vendent ou introduisent des objets contrefaits.

La partie lésée aura, en outre, droit à des dommages-intérêts.

LUXEMBOURG

(Loi du 30 juin 1880).

Principe de la loi. — Des brevets sont délivrés sans examen et sans garantie pour les inventions nouvelles susceptibles d'une exploitation industrielle.

Sont brevetables. — Les nationaux et les étrangers.

Priorité, — La priorité est acquise à partir du lendemain du dépôt.

Nature des brevets. — La loi accorde: 1° des brevets d'invention pour des inventions nouvelles ou pour des perfectionnements;

2° Des brevets de perfectionnement ou certificats d'addition.

Durée. — La durée des brevets est de 15 ans; les certificats d'addition expirent avec le brevet auquel ils se rattachent.

Taxe. — Une taxe annuelle et progressive est payée comme suit: 1re année 10 fr.; 2me année 20 fr. et ainsi de suite jusqu'à la 15me, en augmentant de 10 fr. chaque année.

La taxe d'un certificat d'addition est de 10 fr. une fois payés.

Pièces à fournir. — 1° Une déclaration spéciale mentionnant les noms, prénoms et domiciles réel et élu de l'inventeur et de son mandataire; 2° une description; 3° des dessins, modèles ou échantillons nécessaires à l'intelligence de la description; 4° la quittance constatant que la 1re annuité de la taxe a été versée.

La description et les dessins doivent être en double exemplaire.

Exploitation. — L'invention doit être exploitée dans un délai de 3 ans; dans certains cas, et après cette période de 3 ans, des licences d'exploitation seront accordées, par arrêté royal-grand-ducal, à des tiers; le breveté aurait alors droit à une indemnité dont le montant, en cas de désaccord, serait fixé par les tribunaux.

Mutations. Transferts. — Le droit à l'obtention du brevet ainsi que les prérogatives résultant du brevet lui-même passent aux héritiers de l'ayant-droit; ils peuvent être transférés, en tout ou en partie, par acte entre vifs, enregistré, ou par testament.

Causes de nullité et de déchéance. — Le brevet sera nul et de nul effet:

1° Si l'invention n'était pas susceptible d'être brevetée;

2° Si les éléments essentiels de la demande sont empruntés aux descriptions, dessins, modèles, instruments, outillages ou procédés d'un tiers, sans son consentement.

3° Si le titre sous lequel le brevet a été demandé n'indique pas le véritable objet de l'invention.

4° Si la description est insuffisante ou si elle n'indique pas d'une manière loyale et complète les véritables moyens de l'inventeur.

La déchéance est encourue:

1° Par le défaut de paiement de la taxe annuelle dans les trois mois de son échéance.

2° Si un brevet pour le même objet n'est pas demandé dans le délai de trois mois dans les Etats auxquels le Grand-Duché serait lié par un traité d'union douanière, ou si étant demandé dans ce délai, le brevet était refusé, ou si ayant été accordé, il est retiré, annulé ou s'éteint de tout autre manière.

Néanmoins au cas où la déchéance du brevet serait prononcée dans un pays de cette union pour cause de non-exploitation du brevet, il sera loisible au gouvernement de maintenir le brevet dans le Grand-Duché.

Juridiction — Contrefaçon — Pénalités. — Sont contrefacteurs ceux qui fabriqueront industriellement, mettront dans le commerce ou exposeront en vente l'objet breveté.

Les contrefacteurs sont passibles d'une amende de 100 à 2,000 francs sans préjudice des dommages et intérêts qui pourront être accordés à la partie lésée; en cas de récidive, il sera prononcé en outre un emprisonnement d'un mois à six mois.

Le jugement pourra ordonner la destruction ou la confiscation des ustensiles qui ont servi à la fabrication ainsi que celle des objets contrefaits.

Dispositions transitoires. — Les brevets accordés sous le régime de l'ancienne loi continueront d'être régis par les dispositions en vigueur au moment de leur délivrance, à moins que les titulaires ne les aient fait convertir en titres placés sous le régime de la loi nouvelle. Dans ce cas, le délai de quinze ans courra à partir de la date du brevet primitif. Les annuités de la taxe seront comptées à partir de la même date, sur laquelle se régleront aussi les échéances annuelles.

La taxe acquittée pour le brevet primitif sera imputée sur les annuités échues ou à échoir ; si elle ne suffit pas à couvrir les annuités déjà échues, la différence devra être versée avant le dépôt de la demande de conversion.

NORWÈGE

Des brevets d'invention sont accordés par le Roi pour une durée qui ne peut être supérieure à dix années.

Ces brevets sont délivrés aux nationaux et aux étrangers, après examen, mais sans garantie.

On doit fournir : Une demande au Ministre de l'Intérieur ; — une description et des dessins en double exemplaire, — ainsi qu'une procuration en règle quand les formalités sont remplies par un mandataire.

L'invention doit être mise en exploitation dans les deux ans à partir de la délivrance du brevet.

PORTUGAL

(Lois du 31 décembre 1852, et du 17 mars 1868).

Principe de la loi. — Des brevets sont accordés pour des produits et procédés nouveaux, ainsi que pour des modifications ou perfectionnements aux inventions existantes.

Les brevets sont délivrés sans examen quant au fond même de l'invention, et sans garantie. Il n'est pas accordé de brevets pour les compositions pharmaceutiques, pour les produits alimentaires ou pour de simples changements apportés dans la forme d'un produit, ni pour toute invention contraire à la sécurité publique.

Sont brevetables. — Les nationaux et les étrangers.

Priorité. — La priorité est acquise à partir du jour du dépôt.

Nature des brevets. — 1° Brevets d'invention accordés pour des découvertes faites en Portugal par des nationaux ou des étrangers; 2° Brevets d'importation accordés à l'inventeur breveté à l'étranger ou à l'introducteur d'une invention étrangère. 3° Certificats d'addition et brevets de perfectionnement pour modifications à la découverte principale.

Durée. — Cinq, dix ou quinze ans, selon la demande.

On accorde à l'importateur (lorsqu'il est en même temps l'inventeur) d'une découverte déjà privilégiée en sa faveur à l'étranger, un brevet pour le temps qui reste à courir au dit privilège, pourvu que ce terme ne dépasse pas quinze ans.

Si l'importateur de la découverte brevetée à l'étranger n'est pas l'inventeur, le gouvernement, pourra accorder un brevet, dont la durée dans aucun cas n'excedera cinq ans.

Le premier terme demandé pour la durée du Brevet ne pourra être prorogé.

Les certificats d'addition expirent avec le brevet auquel ils se rattachent.

L'inventeur breveté en Portugal aura seul le droit — pendant une année — d'obtenir un nouveau brevet pour des additions, modifications ou perfectionnements apportés à l'invention faisant l'objet du brevet primitif.

Taxes. — La taxe est de 5,000 reis (environ 40 francs) par chaque année de privilège.

Le demandeur doit payer, outre la taxe ci-dessus, divers droits qui s'élèvent à environ 200 francs.

Pièces à fournir. - 1° Le Récépissé de la taxe correspondant au nombre d'années pour lequel le brevet est demandé ; 2° deux descriptions (en portugais) et deux dessins s'il y a lieu; 3° un bordereau signé; 4° un certificat constatant qu'aucun privilège n'a été enregistré pour le même objet.

S'il s'agit d'une invention déjà brevetée à l'étranger et si le demandeur emploie un mandataire, on doit de plus fournir une procuration légalisée par le consul de Portugal.

Exploitation. — L'invention doit être exploitée en Portugal dans le délai de deux ans à dater de la signature du brevet ; cette exploitation ne devra pas être suspendue pendant deux années consécutives, sauf pour les cas de force majeure que l'inventeur peut faire valoir.

Mutations et transferts. — Les droits résultant du brevet pourront se transmettre aux cessionnaires du breveté ou à titre d'héritage, soit par testament, soit par contrat. Avis doit en être donné à l'administration.

Toute cession totale ou partielle doit être faite par acte notarié et enregistré.

Causes de nullité et de déchéance. — 1° Si l'invention n'est pas neuve ou a reçu une publicité suffisante ;

2° Si le titre du brevet désigne frauduleusement autre chose que l'objet de l'invention.

3° Si la description est incomplète.

4° Si l'invention n'a pas été exploitée dans les délais légaux ou si cette exploitation a été suspendue.

5° Si, par jugement, l'invention est déclarée nuisible à la santé ou à la sécurité publiques.

Juridiction. — *Contrefaçon.* — *Pénalités.* — Le contrefacteur pourra être condamné, suivant le cas, à la prison, à l'amende, à des indemnités ou dommages-intérêts et enfin à la confiscation de l'outillage ayant servi à la contrefaçon.

RUSSIE

(Lois et décrets de 1833, 1840, 1845, 1852, 1863, 1867, 1868 et 1870).

Le brevet russe couvre la Sibérie, le Caucase et la Pologne.

Principe de la loi. — Examen préalable par le conseil des manufactures, mais sans garantie.

Des brevets sont accordés pour toute découverte ou perfectionnement relatif à une industrie, une machine, un produit chimique, etc., présentant un caractère de nouveauté et d'utilité.

Il ne sera pas accordé de brevet pour les conceptions théoriques dont un mode d'application pratique n'aurait pas été indiqué; pour les découvertes dangereuses pour le public ou nuisibles aux intérêts du Trésor; pour les médicaments; pour les inventions ou découvertes ayant rapport exclusivement à l'art de la guerre.

Sont brevetables. — Les nationaux et les étrangers.

Priorité. — La durée des brevets part du jour de la délivrance, mais la priorité est acquise dès le jour du dépôt.

Nature des brevets. — La loi accorde des brevets d'invention, d'importation et de perfectionnement.

Les brevets d'importation ont la même force et la même valeur que les brevets d'invention.

Les brevets de perfectionnement ont une existence

indépendante.

La loi accorde aussi des *Certificats provisoires* assurant pendant trois mois la priorité à l'invention, le Brevet définitif doit être demandé avant l'expiration de ce terme.

Durée. — Les brevets d'invention sont accordés, au choix du pétitionnaire, pour trois, cinq ou dix ans. Une fois accordés pour un laps, ils ne sont pas prolongés ; mais dans la pratique, on peut avant la délivrance, c'est-à-dire pendant la période d'instance et en versant les taxes requises, solliciter le brevet pour cinq ou dix ans quand même la demande n'aurait été faite primitivement que pour trois années.

Les brevets d'introduction ne peuvent être accordés pour plus de six ans.

Si le demandeur est le véritable inventeur et titulaire du brevet étranger, la durée de son brevet russe ne pourra pas excéder celle du brevet étranger.

Taxes. — Pour un brevet d'invention ou de perfectionnement:

1° De trois ans, la taxe est de 90 roubles argent (360 francs environ);

2° De cinq ans, la taxe est de 150 roubles argent (600 francs);

3° De dix ans, la taxe est de 450 roubles argent (1,800 francs).

Pour un brevet d'importation de six ans, la taxe est de 360 roubles argent (1,440 francs).

En cas de refus, la taxe est remboursée sauf la retenue des frais administratifs.

Pièces à fournir. — 1° Une demande contenant les indications de nom, durée, titre, etc.

2° Une description claire et complète, en langue russe, de l'invention ; si cette description est traduite d'un texte en langue étrangère, celui-ci devra y être annexé ;

3° Des dessins, s'il y a lieu ; les dessins et mémoires descriptifs doivent être en double exemplaire ;

4° La quittance du paiement de la taxe correspondant à la durée demandée.

La demande est soumise au conseil des manufactures, qui s'assure :

1° S'il n'a pas été délivré de brevet pour le même objet à une autre personne ;

2° Si les documents de la demande sont exacts ;

3° Si la description est claire ; celle-ci doit toujours être courte ;

4° Si la découverte n'est pas contraire à la salubrité et à la sécurité. Dans le cas où l'invention se rapporte à l'agriculture, l'examen de la demande a lieu par les autorités de l'administration agricole.

Si l'examen est favorable, le ministère des finances délivre le brevet.

Dans le cas contraire, le brevet est refusé, avec indication des motifs de refus.

Lorsque le refus n'a lieu que pour description insuffisante ou incomplète, le demandeur peut présenter les éclaircissements nécessaires, et, dès qu'ils sont trouvés satisfaisants, l'administration délivre le brevet.

Exploitation. Le breveté doit, avant l'expiration du quart de la durée accordée à son brevet, mettre en exploitation sa découverte et en informer le département des manufactures.

Mutations et transferts. — L'acte de cession, totale ou partielle, d'un brevet, doit être dressé suivant formule. Le titulaire est tenu d'en donner avis au département des manufactures.

Causes de déchéance. — Le brevet est déchu : pour manque de nouveauté; s'il est prouvé en justice que celui qui a demandé le brevet a donné l'invention d'un autre comme sienne, et si le véritable inventeur forme à cet effet une demande en revendication, si la description est fausse ou incomplète ; si le breveté ne fait pas constater la mise en exploitation pendant le premier quart de la durée du brevet.

Les déchéances sont publiées par le département des manufactures.

Juridiction. — Contrefaçon. — Pénalités. — Le breveté aura le droit de poursuivre toute contrefaçon devant les tribunaux compétents et de demander la réparation du dommage causé.

SUÈDE

(Loi du 19 août 1856)

Principe de la loi. — Examen préalable par le Collège du commerce.

Des brevets sont accordés soit pour des inventions ou découvertes, soit pour des perfectionnements relatifs aux arts et à l'industrie, pourvu qu'ils n'empiètent pas sur des privilèges déjà accordés à d'autres.

Il n'est pas accordé de brevets pour les principes abstraits, les médicaments, les inventions contraires à la sûreté publique et à la morale.

Sont brevetables. — Les nationaux et les étrangers.

Priorité. — Elle est acquise dès le dépôt, mais le brevet commence à courir à partir du jour de la délivrance.

Nature des brevets. — Brevets d'invention, d'importation et de perfectionnement.

Durée. — Trois ans, et au plus quinze ans, suivant la nature et l'importance de l'invention. En cas de brevet à l'étranger, la durée du brevet suédois ne l'excédera pas.

Taxes. — La taxe consiste en frais administratifs et de publication et en frais d'insertion dans le journal officiel. Cette publication doit être faite dans l'espace de deux mois à partir du jour où le brevet est accordé.

Pièces à fournir. — 1° Une explication nette ou description exacte de l'invention, en suédois :

2° Les dessins ou modèles nécessaires à l'intelligence de la description ;

3° Une procuration notariée et légalisée, si la demande est faite par un mandataire.

Exploitation. — Dans les deux ans à partir de la concession ; ce laps de temps peut cependant être limité à une année par le Collège du commerce, comme aussi, sur demande à lui adressée, il peut le prolonger jusqu'à quatre années au plus.

Le breveté doit, en outre, prouver chaque année, pendant toute la durée du brevet, que l'invention continue à être exploitée.

L'introduction d'objets brevetés fabriqués à l'étranger est tolérée.

Mutations et transferts. — Le brevet peut être cédé ou transféré avec tous les droits qui en découlent ; le Collège du commerce doit être préalablement avisé de la cession.

Causes de nullité et de déchéance. — 1° Manque de nouveauté.

2° Description fausse ou incomplète ;

3° Si le breveté n'est pas le véritable inventeur ;

4° Si l'invention est ou peut être nuisible à la sécurité du royaume ou à la salubrité publique ;

5° Invention contraire aux mœurs ;

6° Par jugement qui déclare le brevet nul ;

7° Pour non-exploitation et non-publication dans les délais indiqués ci-dessus.

Juridiction. — Contrefaçon. — Pénalités. — Le contrefacteur paiera une amende, la première fois, de 100 à 200 rixdalers (le rixdaler vaut environ 5 fr. 60 c.) et, dans le cas de récidive, de 200 à 400 rixdalers, en donnant chaque fois une indemnité complète au breveté pour le dommage à lui causé; une moitié de l'amende est remise au breveté; l'autre moitié est donnée aux pauvres.

Dans le cas où le condamné n'aurait pas le moyen de payer l'amende, cette peine serait changée en prison simple.

Des renseignements peuvent être fournis par l'Office sur les législations et règlements relatifs à la propriété industrielle, dans les pays suivants:

Colonies anglaises: Australie méridionale et occidentale, Canada, Cap de Bonne Espérance, Ceylan, Guyane, Honduras, Indes orientales, Jamaïque, Ile Maurice, Natal, Nouvelle Galles du Sud, Nouvelle Zélande, Queensland; Straits-Settlements, Tasmanie, Terre-Neuve, Trinité, Victoria.

Confédération Argentine, *Chili*, *Colombie méridionale, Égypte, Finlande, Guatemala, Japon. Mexique, Nicaragua, Paraguay, Suisse, (canton du Tessin:) Venezuela.*

(Marques de fabrique, Modèles et Dessins.)

Dans une brochure spéciale, adressée gratuitement à toute personne qui en fait la demande, l'Office a publié le résumé des législations et règlements en vigueur en ce qui concerne les dépôts de marques, dessins de fabrique et modèles industriels.

Les chiffres ci-dessous donnent le montant des frais tout compris : taxes, timbres, enregistrement, traductions, légalisations et honoraires.

FRANCE	Marques de fabrique 15 ans, renouvelable.	50 fr.
—	Modèles et dessins 1, 3, 5 ans, ou à perpétuité.	50 »
ALLEMAGNE	Marques de fabrique 10 ans renouvelable.	350 »
—	Modèles 1, 3, 10 ou 15 ans.	175 »
ANGLETERRE	Marques de fabrique 14 ans, renouvelable.	250 »
—	Dessins d'objets d'utilité Enregistrement provisoire, 1 an.	225 »
—	Dessins d'objets d'utilité Enregistrement définitif, 3 ans.	450 »
ARGENTINE (Confédération)	Marques de fabrique 10 ans renouvelable	500 »
AUTRICHE	Marques de fabrique dure autant que la raison commerciale qui fait le dépôt	225 »

AUTRICHE	Modèles et dessins 1, 2 ou 3 ans.	175 fr.
BELGIQUE	Marques de fabrique même durée que la marque originelle.	150 »
—	Dessins renouvelable.	150 »
BRÉSIL	Marques de fabrique 15 ans, renouvelable.	350 »
CANADA	Marques de fabrique Durée illimitée.	550 »
CHILI	Marques de fabrique 10 ans, renouvelable.	350 »
DANEMARK	Marques de fabrique	400 »
ESPAGNE	Marques de fabrique Durée illimitée.	275 »
ETATS-UNIS	Marques de fabrique 30 ans, renouvelable.	450 »
—	Modèles	
	3 ans 1/2.	250 »
	7 ans	300 »
	14 ans	450 »
HOLLANDE	Marques de fabrique Perpétuité	250 »
ITALIE	Marques de fabrique Perpétuité	225 »
PORTUGAL	Marques de fabrique 15 ans, renouvelable.	300 »
RUSSIE	Marques de fabrique dure autant que les Traités de commerce.	325 »
SUÈDE et NORWÈGE	Marques 10 ans, renouvelable.	400 »
SUISSE	Marques de fabrique 15 ans, renouvelable.	200 »

TABLE DES MATIÈRES.

ANNEXE

Voir ci-après les nouvelles lois pour l'ANGLETERRE et le BRÉSIL.

ANGLETERRE

(Loi du 25 août 1883).

en vigueur depuis le 1er janvier 1884.

Principe de la Loi. — Des patentes sont accordées, après examen préalable, mais sans garantie, au véritable inventeur ou à l'importateur, de toute invention nouvelle dans le Royaume.

On peut exiger de l'inventeur qu'il modifie la spécification annexée à sa demande conformément aux conclusions du rapport de l'examinateur. L'examen reste secret.

Chaque demande de patente doit être limitée à un seul objet principal; dans le cas contraire, son acceptation peut être ajournée jusqu'à ce que l'inventeur ait divisé l'affaire et reproduit la dite demande.

L'inventeur peut s'adjoindre une ou plusieur personnes pour demander une patente, et chacune des parties pourra exploiter isolément l'invention, sans le consentement des autres.

Les héritiers d'un inventeur peuvent obtenir une patente pourvu que la demande soit régulièrement déposée avant l'expiration des six mois qui suivent le décès de l'inventeur.

Sont brevetables. — Les moyens ou procédés chimiques ou mécaniques, les machines ou appareils, nouveaux ou perfectionnés; les *combinaisons nouvelles* de moyens, procédés ou appareils *connus* amenant un résultat industriel, ainsi que tous les *produits nouveaux* obtenus soit par des moyens connus, soit par des procédés nouveaux.

Priorité. — Elle est acquise au demandeur à partir du jour du dépôt.

Nouveauté. — L'invention ne doit pas avoir été patentée, ni décrite dans une publication, d'une manière suffisante pour permettre son exécution, ni avoir été mise en œuvre ou employée en public,- *dans le Royaume* - avant le dépôt de la demande de patente.

Toutefois, l'inventeur pourra, sans nuire au caractère de nouveauté de la découverte qu'il se propose de faire patenter, l'appliquer dans une exposition industrielle ou internationale et la publier à cet effet pendant la durée de l'exposition, en faisant, dans les délais fixés, une demande à laquelle sera annexée une description de l'invention.

Demande. — La demande d'une patente doit être accompagnée d'une description, soit *provisoire* soit *complète*, cette dernière comportant les revendications de l'inventeur clairement énoncées ; les dessins joints à chaque spécification, doivent être établis avec soin sur format et papiers déterminés.

La description provisoire reste secrète jusqu'à ce que la spécification complète soit acceptée ; pour le dépôt de cette dernière, le délai est de neuf mois à partir de la demande.

Enfin, si l'inventeur n'est pas parvenu à faire *accepter* sa spécification complète dans les douze mois qui suivent la demande de patente, celle-ci est annulée.

Durée. — La durée de la patente est de quatorze ans à partir du jour du dépôt. Cette durée n'est pas restreinte par l'expiration ou la déchéance d'un Brevet étranger antérieur relatif à la même invention.

Une prolongation de sept ans, et quelquefois de quatorze ans peut être obtenue.

Amendements, Modifications. — L'inventeur peut, pendant toute la durée de sa patente, et en versant les taxes requises, modifier, compléter ou expliquer sa description, mais sans donner une portée plus large à ses revendications.

Exploitation. — Le patenté n'est pas tenu d'exploiter son invention en Angleterre d'une manière effective, et il ne lui est pas interdit de l'importer de l'étranger; mais s'il est prouvé par tout intéressé, que, faute par le patenté d'accorder des licences à des conditions raisonnables;

1° La patente n'est pas exploitée dans le Royaume-Uni;

2° Les besoins du public, en ce qui concerne l'invention, ne peuvent être satisfaits;

3° Toute personne se trouve empêchée d'exploiter dans les meilleures conditions, une invention dont elle est propriétaire;

Le *Board of Trade* a pouvoir de forcer ce patenté d'accorder des licences aux conditions qui lui paraîtront justes et suffisamment rémunératrices,

Un modèle dont les frais lui sont remboursés, peut être exigé du patenté pendant toute la durée de son privilège.

Taxes. — La taxe à verser pour les quatre premières années de la patente, est de 4 livres sterling.

Des taxes s'appliquent également aux diverses phases de la procédure relative à la délivrance des patentes : appels, oppositions, amendements, etc...

Les taxes suivantes sont: Avant l'expiration de la quatrième année : 50 livres, et de la huitieme année : 100 livres; l'inventeur peut acquitter ces taxes par annuités.

Déchéance et Nullités. — Une patente est sous le coup de la déchéance ou de la nullité :

1° Si les taxes ne sont pas acquittées en temps utile;

2° Si elle a été demandée en fraude des droits du véritable inventeur ;

3° Si elle a été accordée pour une invention faisant l'objet d'une patente anglaise antérieure ;

4° Si un intéressé prouve qu'il y a eu publication suffisante, vente ou exploitation de l'invention dans le Royaume-Uni, avant le dépôt de la demande ;

5° Si l'invention n'était pas brevetable conformément à la Loi.

Mutations et Transferts. — Une patente peut être cédée soit totalement pour toute l'étendue du Royaume, soit seulement pour une région déterminée.

Le patenté peut, à son gré, transférer ses droits comme il l'entend ; la patente peut aussi être attribuée par jugement, en cas de décès, faillite, dissolution de Société, etc.

Dans tous les cas, les cessions et les licences doivent être dûment enregistrées.

BRÉSIL

(Loi du 14 octobre 1882)

Principe de la loi. — Les brevets sont délivrés sans examen (sauf pour les produits alimentaires, chimiques ou pharmaceutiques) et sans garantie.

Sont brevetables. — Les nationaux et les étrangers.

Priorité. — Elle est acquise à l'inventeur breveté à l'étranger s'il a déposé une demande au Brésil dans un délai de sept mois, quand même il y aurait eu publicité ou emploi de l'invention au Brésil, ou demande antérieure de privilége faite par une autre personne pendant la même période.

Nature des brevets. — La loi accorde des brevets d'Invention ou d'importation et des certificats de perfectionnement.

Durée. — Quinze ans; les Brevets d'importation expirent avec le Brevet originel étranger, — Le Certificat de perfectionnement expire avec le Brevet auquel il se rattache.

Taxes.. — Pour les Brevets d'invention et d'importation, la taxe (non compris les frais de timbre, droits administratifs etc...) est de 50 francs pour la 1re année de 75 francs pour la 2me année et ainsi de suite en augmentant de 25 francs par an.

Pour le Certificat de perfectionnement, il sera payé en une seul fois la somme correspondante aux taxes annuelles non échues.

Pièces à fournir. — 1° Deux exemplaires d'une description claire et complète, indiquant les points essentiels de l'invention; — 2° Les dessins, modèles ou échantillons nécessaires à l'intelligence du mémoire descriptif; 3° Une procuration en règle autorisant une personne résidant au Brésil, non seulement à faire les démarches et à remplir les formalités nécessaires à l'obtention du Brevet, mais encore à représenter l'inventeur auprès du gouvernement et en justice, en cas de contestations ou litiges quelconques pouvant surgir pendant l'existence du privilége.

Exploitation. — Elle doit avoir lieu dans un délai de trois ans et ne doit pas être interrompue pendant plus d'une année, sauf en cas de force majeure.

Mutation et transferts. — Le Brevet est transmissible par tout mode de cession légal; le transfert doit être enregistré au Ministère de l'agriculture, du commerce et des travaux publics.

Causes de nullité et de déchéance. — Cette disposition de la Loi est analogue à la législation française.

Juridiction, Contrefaçon, Pénalités. — En outre des amendes, les contrefacteurs sont passibles d'indemnités considérables; les produits et appareils contrefaits sont saisis au profit du breveté.

Dispositions transitoires. — Les Brevets actuellement délivrés continueront à être régis par la Loi du 28 Août 1830, mais les titulaires devront se conformer à la loi nouvelle pour la mise en œuvre de leurs inventions ; en outre, les dispositions de la nouvelle loi relatives aux juridictions, contrefaçons et pénalités seront aussi applicables aux anciens Brevets à l'exception des actions judiciaires actuellement pendantes.

Imp. Ch. DESNOS, 11, Boulevard Magenta, PARIS.

AVIS

Une édition spéciale de l'ANNUAIRE DES INVENTEURS, contenant une analyse des législations et règlements relatifs aux *Marques de Fabrique et de Commerce ainsi qu'aux dépôts de modèles et dessins industriels*, sera envoyée gratuitement à toute personne qui en fera la demande.

www.ingramcontent.com/pod-product-compliance
Ingram Content Group UK Ltd.
Pitfield, Milton Keynes, MK11 3LW, UK
UKHW021624260726
13994UKWH00003B/1067

9 782329 358314